FIN DE LA DOMINATION FRANQUE EN SYRIE
APRÈS LES DERNIÈRES CROISADES

PRISE
DE
SAINT-JEAN-D'ACRE
EN L'AN 1291
PAR L'ARMÉE DU SOUDAN D'ÉGYPTE

PAR

GUSTAVE SCHLUMBERGER
MEMBRE DE L'INSTITUT

PARIS
LIBRAIRIE PLON
PLON-NOURRIT ET Cie, IMPRIMEURS-ÉDITEURS
8, RUE GARANCIÈRE — 6e

1914

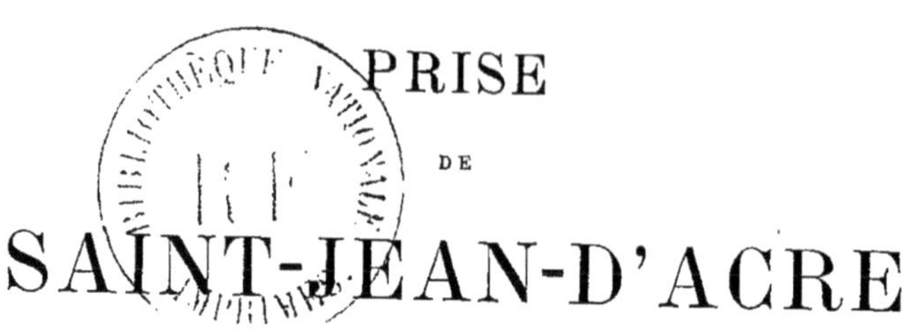

PRISE DE SAINT-JEAN-D'ACRE

EN L'AN 1291

PAR L'ARMÉE DU SOUDAN D'ÉGYPTE

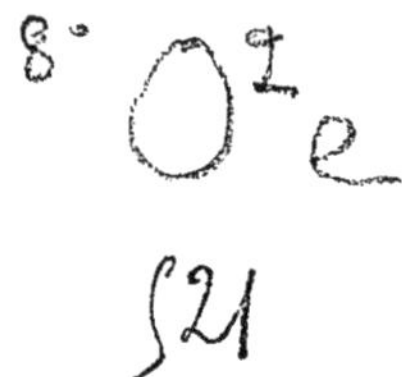

FIN DE LA DOMINATION FRANQUE EN SYRIE

APRÈS LES DERNIÈRES CROISADES

PRISE DE SAINT-JEAN-D'ACRE

EN L'AN 1291

PAR L'ARMÉE DU SOUDAN D'ÉGYPTE

PAR

GUSTAVE SCHLUMBERGER

MEMBRE DE L'INSTITUT

PARIS

LIBRAIRIE PLON

PLON-NOURRIT ET Cie, IMPRIMEURS-ÉDITEURS

8, RUE GARANCIÈRE — 6e

1914

Cette étude a été publiée dans la *Revue des Deux Mondes* (n° du 15 juillet 1913) et considérablement augmentée.

VUE GÉNÉRALE DE SAINT-JEAN-D'ACRE

PRISE DE SAINT-JEAN D'ACRE

EN L'AN 1291

PAR L'ARMÉE DU SOUDAN D'ÉGYPTE [1]

FIN DE LA DOMINATION FRANQUE EN SYRIE APRÈS LES DERNIÈRES CROISADES

On était en l'année du Christ 1291. Philippe le Bel était roi en France et le moine Jérôme d'Ascoli était pape à Rome sous le nom de Nicolas IV. Il y avait près de deux siècles que, sous la conduite de Godefroy de Bouillon, le 15 juillet 1099, les bandes enthousiastes de la première croisade avaient pris d'assaut Jérusalem, la Ville Sainte, et fondé le Saint Royaume d'Outre-mer. Après presque un siècle de luttes souvent glorieuses, les chrétiens d'Orient, à la suite du grand désastre de Hittin, au mois de juillet 1187, avaient dû évacuer Jérusalem retombée sous le pouvoir des Musulmans en la personne du grand émir

(1) Dans ce récit j'ai suivi pas à pas l'excellente *Histoire du royaume de Jérusalem* de feu R. Röhricht, parue à Innsbruck en 1898.

Saladin. Toutefois ils s'étaient maintenus dans presque toutes les cités maritimes de la côte de Syrie, protégés par la fondation à ce même moment du nouveau royaume latin de Chypre sous la bannière des rois Lusignans. Saint-Jean-d'Acre avait été reprise dès 1191 par les guerriers de la troisième croisade. Puis étaient venus les temps de plus en plus difficiles pour les soldats de la Foi. La quatrième croisade avait été en 1204 détournée vers Constantinople. Celle de l'empereur Frédéric II n'avait abouti qu'à une réoccupation éphémère de Jérusalem. Celle du roi saint Louis vingt ans plus tard, vers le milieu du treizième siècle, avait eu, malgré des prodiges de vaillance, la douloureuse issue que chacun connaît. Puis l'enthousiasme même de la Croisade avait fini par faiblir presque entièrement en Occident. Les derniers princes des dernières principautés chrétiennes maritimes de Syrie ne recevaient plus d'Europe que des renforts très amoindris. Associés aux chevaliers des trois Ordres célèbres du Temple, de l'Hôpital et Teutonique, ils ne luttaient plus que très péniblement contre la puissance sans cesse grandissante de toutes les forces militaires de l'Islam en Égypte et en Syrie, au Kaire comme à Damas. Toutefois Saint-Jean-d'Acre demeurait la principale forteresse des Francs d'Outre-mer, leur grande capitale militaire et commerciale sur la côte syrienne.

Le fameux soudan d'Égypte, le terrible Bibars,

qui avait enlevé successivement aux Latins d'Orient le château des Kurdes, Césarée, Jaffa, le Safed et la grande cité d'Antioche, première conquête des Francs de la première croisade, était mort le 19 juin 1277. Encouragés par cette disparition de leur plus mortel adversaire, les chrétiens de Terre Sainte avaient cru pouvoir rompre les trêves de dix années jadis conclues avec lui, profitant de ce que les envahisseurs Mongols mettaient affreusement à feu et à sang le Nord de la Syrie. Mais, après quelques succès, apprenant la défaite totale de ces hordes barbares par le nouveau soudan Kélaoun, redoutant quelque incursion vengeresse de ce dernier, ils avaient cru prudent de transiger une fois de plus. En suite de quoi les chevaliers du Temple, ceux de l'Hôpital, le comte Bohémond de Tripoli, la Commune de Saint-Jean-d'Acre, d'autres groupes latins encore, avaient, par l'entremise de leurs délégués, signé à Rouba, dans la banlieue du Kaire, en 1283, puis encore l'an d'après, avec les représentants du soudan, une nouvelle trêve de dix ans, dix mois, dix jours, dix heures. C'était la singulière coutume de l'époque. La loi de l'Islam défendait de conclure et signer une paix véritable entre les vrais croyants et les infidèles ; elle autorisait seulement des trêves.

Ces trêves, la faiblesse même des chrétiens de Palestine leur interdisait d'ordinaire de chercher a les rompre. Il en était tout autrement pour Kélaoun, le puissant soudan d'Égypte. Lorsque ses subtiles et habiles ambassades auprès des princes chrétiens de l'Europe occidentale eurent décidément réussi à déjouer toute velléité de nouvelle grande croisade, il chercha le premier prétexte pour en finir avec les infortunés restes des principautés latines de Syrie. Dès l'année 1285, il profitait d'une prétendue agression des Hospitaliers de Markab pour mettre le siège devant cette splendide et puissante forteresse que Saladin lui-même avait déclarée imprenable. Elle succombait le 25 mai après plus d'un mois de siège. Peu de jours après, le non moins fort château de Maraklée, qui passait aussi pour invincible, immense tour quadrangulaire haute de sept étages aux murs épais de douze coudées, capitulait à son tour.

Terrifiés par ces catastrophes, le roi Léon III de Cilicie ou Petite-Arménie et la princesse Marguerite de Tyr se hâtèrent d'acheter à prix d'or une nouvelle et calamiteuse trêve de dix ans.

Rentré au Kaire de cette expédition triomphante, le victorieux sultan eut encore la satisfaction de se voir, dans le mois de novembre de cette même année, salué dans son palais des bords du Nil par des envoyés du roi des Romains Rodolphe Ier de Habsbourg, par ceux aussi de l'empereur de Constantinople Andronic II Paléologue et de la Commune de Gênes. Ils l'honorèrent des plus riches cadeaux. Ceux de l'empereur allemand étaient présentés par trente-deux porteurs et consistaient en pelleteries de zibelines et de petits-gris, en étoffes écarlates, en vêtements de fin lin vénitien. Les dons de la Commune de Gênes consistaient en deux ballots de satins et de tissus dits « sarsina » d'après des modèles orientaux, plus six faucons de chasse, un grand chien blanc « plus grand qu'un lion », peut-être un ours blanc. Ceux du basileus de Constantinople étaient un ballot de satin et quatre de tapis. Dans l'ambassade allemande figurait un des plus grands voyageurs en Orient de l'époque, qui avait parcouru toute la Palestine, Chypre et l'Arménie, Burchard de Monte Sion.

Deux années plus tard, nouvelles réclamations du soudan. Il se plaint que le prince Bohémond d'Antioche, comte de Tripoli, ait à son tour transgressé les trêves. Une grosse armée qu'il avait dans le Nord de la Syrie assiège Laodicée et la prend à coups de catapultes, le 30 avril 1287. En octobre déjà Bohémond VII, le prince d'Antioche et de Tripoli, meurt sans postérité, et Kélaoun attaque bientôt après sa puissante ville de Tripoli, le principal comptoir des négociants génois avec l'Égypte. Il la prend après trente-quatre jours de siège, le 26 avril 1289, malgré l'arrivée d'une armée de secours partie de Saint-Jean-d'Acre. Dix-neuf catapultes et quinze cents mineurs viennent à bout de ses formidables murailles.

Une partie des assiégés s'était réfugiée dans l'île placée à l'entrée du port, dans l'église de Saint-

Thomas, mais les vainqueurs les y poursuivirent et les massacrèrent jusqu'au dernier. On compta parmi les morts le frère Templier Guillerme de Cordone, autrefois gardien des Franciscains d'Oxford, qui, armé seulement d'une croix, se jeta courageusement à la rencontre de l'ennemi, et aussi Luceta, l'abbesse d'un couvent de femmes, qui, tombée dans la part de butin d'un émir, pour échapper à la souillure fatale, réussit par ruse à se donner la mort, tandis que ses sœurs tombaient dans un horrible esclavage. Elle avait, dit la *Chronique*, persuadé à son maître sarrasin qu'elle était invulnérable. Lui, voulant s'en assurer, la frappa d'un cimeterre et la tua.

Très peu de temps après tombent aussi Nephin forteresse des Hospitaliers, puis Batroun. Les fugitifs de Tripoli se réfugient en Chypre, à Tyr, à Saint-Jean-d'Acre. Les dernières vieilles cités chrétiennes maritimes de Syrie succombent ainsi les unes après les autres sous les coups des Sarrasins. Leur histoire n'est plus qu'une mort lente, une interminable et inévitable agonie. Les lamentations, les plaintes douloureuses de leurs habitants, adressées à leurs frères d'Occident, ne cessent pas un instant.

Cette même année 1289, Jean de Grailly, capitaine des compagnies françaises de Saint-Jean-d'Acre, entretenues aux frais du roi de France, de concert avec les deux frères prêcheurs dominicains Hugues et Jean, avec l'Hospitalier Pierre d'Hezquam et le

Templier Hertrand, se rendirent en toute hâte à Rome pour implorer le secours du pape et de la chrétienté occidentale. Ils ne rencontrèrent presque partout, hélas! que d'insuffisantes sympathies. Seul le souverain pontife, Nicolas IV, mit tout en œuvre pour ranimer le zèle des royaumes de l'Occident. Il fit partout, en Italie comme ailleurs, prêcher ardemment la croisade, promit une flotte de vingt galères de Venise et fournit de larges subsides. Il alla jusqu'à faire négocier en faveur des lamentables restes du royaume de Jérusalem auprès d'Argoun, le Khan des Mongols, auprès du roi Héthoum II d'Arménie, des Jacobites, des souverains même d'Éthiopie et de Géorgie. Le 5 janvier 1291, il adressait à toute la chrétienté, en faveur de la Terre Sainte, une suprême et déchirante prière.

Entre temps, dès le mois de mai 1290, en suite des appels à une nouvelle croisade, de nombreuses bandes de pèlerins avaient commencé à se grouper en Lombardie, en Toscane, dans les marches de Trévise et d'Ancône, à Parme, à Modène, à Bologne, pour aller s'embarquer sur les galères de Venise toutes prêtes à partir. Au nombre de vingt, nombre annoncé par Nicolas IV, sous le commandement de Nicolas Tiepolo, fils du doge Jacques Tiepolo et d'une fille du ban de Serbie, de Jean de Grailly et de Roux de Sully, chacun porteur de mille onces d'or, ces navires avaient vogué vers la Syrie, recrutant en route, par la munificence du roi Jacques d'Aragon, cinq autres galères. Mais une partie seulement de cette petite flotte fort mal équipée, encore plus insuffisamment armée, demeura à Acre, ainsi que nous l'allons voir.

Les appels du pape aux souverains d'Europe, à ceux de France, de Hongrie, d'Angleterre se poursuivaient. Partout les prédicateurs prêchaient avec passion pour que les fidèles se ralliassent à la croisade décidée par le roi Édouard d'Angleterre. C'est à ce moment que survint enfin la catastrophe suprême, c'est-à-dire la prise de Saint-Jean-d'Acre, par le soudan d'Égypte! C'est ce terrible événement que je vais raconter ici.

Saint-Jean-d'Acre, cette première et plus grande cité franque d'Orient, était à cette date une ville extraordinaire, peut-être la plus étrange du monde entier. Depuis des années, tous les débris des populations si longtemps florissantes de l'Orient latin, maintenant chassées petit à petit de toutes les côtes de Syrie, avaient reflué sous la protection de ses gigantesques murailles. D'autre part, on voyait accourir chaque année dans son port des milliers de croisés, plutôt des milliers d'aventuriers d'Occident que n'attirait plus tant la dévotion aux Lieux Saints que l'amour du lucre, du pillage et des batailles. Dans son enceinte résidaient encore les états-majors et les principaux contingents des grands et si fameux Ordres religieux et militaires du Temple, de Saint-Jean de Jérusalem et des chevaliers teutoniques, puis aussi tous les petits corps d'armée entretenus en Syrie par le Pape, par le roi de France, par les divers autres souverains d'Occident, par le roi de Chypre, et une quantité de renégats fuyant pour une raison ou une autre le séjour des villes de l'Islam en Égypte ou en Syrie, enfin toute une immense population louche accourue là de tous les coins de la terre, et qui faisait dire à Jacques de Vitriaco qu'Acre était la « sentine « de toute la chrétienté. Cette masse de soldats, de guerriers, de mercenaires attiraient encore une autre clientèle infiniment nombreuse. D'après un chroniqueur, il y aurait eu en une fois dans cette ville jusqu'à quatorze mille prostituées.

Un voyageur allemand, appelé Ludolf de Suchem, qui, vers la fin de la première moitié du quatorzième siècle, visita les ruines de Saint-Jean-d'Acre, et put à cette occasion utiliser les récits de témoins oculaires de son ancienne splendeur, nous a fait de cette ville cette curieuse autant que naïve description :

« Cette célèbre cité d'Acre, dit-il, est située sur le rivage de la mer, construite de blocs de pierre d'une grosseur extraordinaire avec des tours hautes et très fortes, à peine distantes d'un jet de pierre les unes des autres. Chaque porte est flanquée de deux tours. Les murailles étaient, comme elles le sont encore

2

aujourd'hui, d'une épaisseur telle que deux chariots courant en sens contraire pouvaient s'y croiser très facilement. Du côté de terre aussi elles étaient très puissantes, avec des fossés très profonds, protégées encore par une foule de bastions et d'ouvrages de toute espèce. Les places et carrefours dans la ville étaient d'une grande propreté. Toutes les maisons étaient de même hauteur, uniformément bâties de pierres taillées, merveilleusement ornées de fenêtres de verre et de fresques, et tous ces palais, tous ces édifices, nullement bâtis pour les seules nécessités de l'existence, mais bien uniquement pour le luxe et la jouissance, étaient soigneusement et délicatement, au gré et à la fantaisie de leurs propriétaires, décorés de verres, de peintures, de tentures et autres ornements tant à l'intérieur qu'à l'extérieur. Les espaces libres dans la cité étaient protégés de l'ardeur du soleil par de splendides tentures de soie ou d'autres tissus. A chaque angle de chaque place s'élevait une très forte tour avec une porte en fer et des chaînes de même pour la consolider. Tous les hauts personnages habitaient dans la banlieue de la ville dans de très forts châteaux et palais. Au centre de la cité demeuraient les artisans et les marchands, chacun cantonné suivant son industrie dans un quartier spécial, et tous les habitants de la ville se comportaient comme jadis les Romains, comme des seigneurs qu'ils étaient. Demeuraient dans cette ville par rang d'importance : le roi de Chypre et de Jérusalem et son frère Amaury (1), et encore beaucoup d'autres membres importants de sa famille, les princes de Galilée et d'Antioche, ainsi que le commandant en chef des troupes du roi de France, puis le duc de Césarée (2), les seigneurs de Tyr (3), de Tibériade et Sidon, le comte de Tripoli et Jaffa, le sire de Baruth ou Beirout, celui d'Ibelin, les seigneurs de Pysan, d'Arsuf et de Vaus, comme aussi les nobles de Blanchegarde. Tous ces seigneurs, ducs, comtes, nobles et barons, circulaient par les carrefours de la ville, la couronne d'or en tête (!) avec un appareil royal et chacun en particulier s'entourait, à l'égal d'un roi, de soldats, de gardes et de trabans somptueusement armés, montés sur des chevaux de guerre, merveilleusement ornés d'or et d'argent, chacun s'efforçant de dépasser en luxe tous les autres, et chaque jour c'étaient jeux, tournois et exercices d'armes, toutes sortes de fêtes, de chasses et toutes sortes de divertissements guerriers, et chacun de ces seigneurs, en outre de son palais et de son château, jouissait de toutes sortes de privilèges et d'exemptions d'impôts.

« Dans cette même ville habitaient encore pour la défense de la Foi contre les Sarrasins le Maître et les

(1) Créé par son frère en 1289 son lieutenant du Saint Royaume avec le titre de baile; il était prince de Tyr et connétable du royaume de Chypre.

(2) En réalité il n'y en avait pas.

(3) C'était, on vient de le voir, le prince Amaury de Lusignan.

frères de l'Ordre de Saint-Jean de Jérusalem, de même ceux de l'Ordre Teutonique, des Ordres de Saint-Thomas et de Saint-Lazare. Tous ceux-là vivaient dans Saint-Jean-d'Acre. Là était le siège de leurs Ordres, et sans cesse, de jour comme de nuit, ils combattaient avec leurs compagnons contre les Sarrasins (1). Vivaient encore à Acre les plus riches marchands qui fussent sous le ciel, assemblés ici de toutes les nations de la terre. Là vivaient les Pisans, les Génois, les Lombards, par les maudites discordes desquels Acre fut finalement détruite, car ils se conduisaient tous exactement comme des seigneurs indépendants. Du lever au coucher du soleil on apportait ici toutes les marchandises de l'Univers; tout ce qui pouvait se trouver d'extraordinaire et de rare dans le monde, on l'apportait ici à cause des princes et des grands qui y demeuraient. »

Tandis qu'en apparence, ainsi qu'il ressort de ce curieux récit, la ville de Saint-Jean-d'Acre, éblouissant le monde du fracas de ses richesses et de la multitude de ses habitants, donnait l'impression d'une faculté de résistance extraordinaire, bien au contraire, à l'intérieur, toutes les forces vives de cette cité se trouvaient comme paralysées par les incessantes et souvent sanglantes dissensions entre

(1) Il est étrange que Ludolf de Suchem ne prononce pas le nom du patriarche ni de tant d'autres évêques, prieurs et abbés de Terre Sainte, qui vivaient réfugiés à Acre, dépossédés de leurs sièges.

REMPARTS DE SAINT-JEAN-D'ACRE

(Le P. Gondard, *la Sainte Vierge au Liban*. Édition de la *Bonne Presse*.)

les chevaliers des Ordres religieux et les marchands italiens ou encore de ceux-ci entre eux et avec ceux des diverses autres nations. Il n'est pas un chroniqueur de l'époque qui ne fasse incessamment allusion à ces interminables querelles qui constituaient pour cette vaste agglomération le plus grave péril et qui devaient finalement la livrer presque sans défense aux coups des Sarrasins maudits. Mais, circonstance peut-être plus douloureuse encore, c'était dans cette immense population d'origine si variée le manque absolu de toute moralité qui rendait impossible l'exercice de toute vertu civique ou familiale. Tous les vices se donnaient libre cours parmi cette énorme agglomération de soldats et de trafiquants accourus ici des quatre coins du monde. Tous les récits chrétiens contemporains, toutes les lettres des hauts personnages d'ordre civil ou religieux retentissent de plaintes amères à l'occasion de ces faits lamentables.

Ajoutez à ces circonstances désastreuses un véritable épuisement de la jeune génération militaire dans toute l'Europe amené par l'immense déperdition de vies humaines et de trésors engloutis depuis tant d'années dans les luttes pour la Terre Sainte ou dans celles qu'avait entreprises la papauté pour la destruction des païens et des hérétiques, comme aussi pour la lutte si prolongée contre Frédéric II, puis après celui-là contre Conrad IV et Conradin. Enfin, à la suite des constants échecs qui avaient été la seule sanction de tant d'espérances, à la suite de tant de prophéties dictées par la politique de l'Église, et qui ne s'étaient jamais réalisées, mille voix autorisées avaient commencé à s'élever par toute l'Europe pour critiquer à la fois la conduite du pape et tant d'énergies inutilement consumées dans la lutte séculaire pour la croisade. Par ces causes diverses, le zèle qui avait durant des siècles suscité tant de miracles était, hélas ! infiniment diminué. Les malheureux débris de la puissance latine en Orient réfugiés derrière les hautes murailles de Saint-Jean-d'Acre n'allaient presque plus avoir à compter que sur leurs propres forces contre l'effort infiniment puissant du monde sarrasin.

Après les catastrophes qui venaient de marquer la fin lamentable de la dynastie des Hohenstaufen, la ruine de la puissance impériale et l'anarchie germanique, les seules puissances dont le Pape pouvait encore implorer le secours en faveur de la Terre Sainte étaient l'Angleterre et la France. De l'Allemagne même, il est à peine question dans les Bulles pour la croisade. Mais, à Paris comme à Londres, Nicolas IV n'obtenait que de belles promesses dépourvues de sanction. Toutes les menaces divines étaient impuissantes en face de cette immence apathie. Les destinées des dernières possessions latines en Orient allaient donc s'accomplir et les écrivains chrétiens contemporains avouent, avec une rare unanimité, que la terrible catastrophe qui devait les accabler était justement méritée. L'historien arabe Makrizi raconte que les Francs qui venaient d'Occident en Palestine étaient d'ordinaire des aventuriers capables de tous les crimes! Sans doute ce jugement sévère n'était pas sans fondement. Ainsi que je l'ai dit, les chroniqueurs chrétiens sont tous d'accord pour déplorer l'intense corruption et l'esprit de violence qui régnaient à cette époque dans les derniers établissements latins d'Outre-mer.

Les bandes que le pape Nicolas avait envoyées de Venise à Acre sous le commandement de l'évêque de Tripoli menaient dans cette ville l'existence la plus dissolue et la plus brutale. Passant les jours et les nuits dans les tavernes et les maisons publiques, ne sachant comment employer leur oisiveté, ou bien, suivant certains récits, parce qu'on ne leur payait pas régulièrement la solde promise, ces aventuriers de la pire espèce se livraient vis-à-vis des habitants à toutes sortes de violences et de crimes. Les agglomérations et exploitations agricoles de la banlieue de la ville, appartenant en majeure partie à des Musulmans, étaient sans cesse pillées et ravagées par eux. Toute résistance était noyée dans des flots de sang. Tantôt c'était une trentaine de paysans assassinés, tantôt dix-neuf marchands. Le biographe de Kélaoun va jusqu'à reproduire ce récit probablement faux que les Chrétiens, après le massacre de ces Musulmans, voulurent se donner l'apparence du droit, en pendant comme coupables des Musulmans revêtus du costume d'esclaves.

Cette brutale indiscipline des Occidentaux fournit trop tôt au soudan l'occasion d'une rupture en apparence légitime. Les plus importantes sources arabes et même latines, l'auteur de la *Vie de Kélaoun* entre autres, donnent comme origine à l'ouverture des hostilités le fait suivant : « Quelques-uns des guerriers croisés amenés par Tiepolo et Jean de Grailly, dont la solde n'avait pas été payée, fatigués de leur inaction, ayant rencontré dans la campagne de Saint-Jean-d'Acre des paysans syriens musulmans, portant des vivres au marché de la ville, en tuèrent ou blessèrent plusieurs. Atteints par cette sorte de folie sanguinaire qui s'emparait des nouveaux débarqués à la vue des Infidèles, ces hommes parcoururent ensuite bruyamment les divers quartiers de la ville. Parvenus près de l'édifice du *Cambio,* ils envahirent un des bazars ou *fondouks* et y massacrèrent plusieurs marchands sarrasins. Quelques chevaliers des Ordres, accourus au bruit, eurent toutes les peines du monde à sauver la vie des autres Musulmans épars dans cet édifice en les prenant sous leur protection pour les conduire au château royal. Cet incident, qui fut le prétexte de la rupture suprême, est d'ailleurs raconté très diversement par les écrivains contemporains, surtout lorsqu'ils sont de race et de religion différentes.

Les magistrats d'Acre, fort effrayés, écrivirent au soudan pour s'excuser, lui faisant savoir que des Musulmans ayant fait une partie de débauche avec des Chrétiens nouvellement arrivés d'Occident, une rixe s'était élevée et que les Musulmans s'étant portés à quelques violences avaient été massacrés. « Mais, ajoute l'auteur arabe Mohi-ed-dîn, le même qui figura plus tard dans diverses négociations que je vais raconter, ces excuses étaient sans fondement. » « Je tiens, poursuit cet écrivain, d'une personne qui était alors dans la ville, que la chose s'était passée de la manière que voici : « Un Musulman avait séduit la femme d'un riche bourgeois d'Acre, ayant fait avec elle une partie de débauche dans un jardin situé hors de la ville ; tout à coup le mari était arrivé et, les surprenant ensemble, les avait tous deux poignardés ; ensuite, dans sa fureur, il s'était jeté le fer à la main sur tous les Musulmans qui s'étaient trouvés sur son passage et en avait tué plusieurs. »

Quoi qu'il en soit de ces récits si précis et pourtant si divers, le soudan, décidé dès longtemps à saisir le plus léger prétexte pour en finir avec Saint-Jean-d'Acre et les derniers établissements chrétiens en Syrie, ravi de l'incident, assembla son conseil pour délibérer sur cette affaire. Le régent Amaury eut beau lui faire représenter que ces folles agressions étaient le fait non de bourgeois de la ville mais d'hommes isolés, « appartenant tous à la croisade » et sur lesquels ni lui ni personne à Acre n'avait d'autorité; il eut beau jurer au nom du roi de Chypre son frère que tous, à Saint-Jean-d'Acre, voulaient fermement la paix. Le siège de Kélaoun était fait d'avance. Il ne voulut rien entendre. Cependant, ainsi que plus tard les maréchaux de Napoléon, quelques-uns de ses émirs commençaient à soupirer après le repos, avides de jouir enfin en toute tranquillité des richesses acquises par tant de victoires. On apporta une copie du dernier traité conclu entre le soudan et la Commune d'Acre; les articles en furent minutieusement examinés pour y trouver prétexte à quelque conflit. Après mûre réflexion, la plupart des conseillers de Kélaoun estimèrent qu'il n'y avait pas lieu, pour ces sanglantes, mais accidentelles bagarres, à recommencer les hostilités. Tel fut entre autres l'avis de Fath-ed-dìn lui-même, le jurisconsulte qui avait jadis rédigé le traité. « Pour moi, poursuit Mohi-ed-dìn, je n'avais rien dit jusque-là; Fath-ed-dìn, se tournant vers moi, me demanda mon avis; je répondis : « Moi, je suis toujours de l'avis du sultan; s'il veut annuler le traité, le traité sera nul; s'il veut le maintenir, il sera valide. — Ce n'est pas de cela qu'il s'agit, reprit Fath-ed-dìn; nous savons que le sultan veut la guerre. » Là-dessus, je citai un article du traité qui portait que, s'il venait à Acre des Chrétiens de l'Occident qui formassent de mauvais desseins contre les Musulmans, ce serait aux magistrats et au gouverneur de la ville de les réprimer. J'ajoutai que, dans le cas présent, les magistrats auraient dû empêcher ce meurtre ou tout du moins le punir; que, s'ils ne s'étaient pas trouvés assez forts pour le faire, ils devaient au moins le dénoncer eux-mêmes afin qu'on y portât remède ». A ces mots, le sultan ne put contenir sa joie; il commença aussitôt ses préparatifs et ordonna de couper des bois dans toute la région de Balbeck et dans celle qui s'étend entre Césarée et Athlit, pour procéder immédiatement à la construction des machines de siège. « Ces travaux, dit à son tour l'historien Makrizi, furent terriblement troublés par des incursions de cavalerie franque et, en hiver, par d'abondantes chutes de neige. »

Mis au courant des préparatifs secrets du sultan par la trahison d'un émir lié d'amitié avec les chevaliers du Temple, les maîtres des trois Ordres, déjà terrifiés par ces nouvelles, le furent bien davantage encore en lisant une lettre adressée par le soudan au Maître du Temple, dans laquelle il lui disait qu'il se vengerait de cette rupture de la trêve en mettant la ville d'Acre à feu et à sang. Kélaoun, en terminant cette missive, ajoutait que le sort de Saint-Jean-d'Acre était décidé et qu'il était tout à fait inutile de tenter de le fléchir par une ambassade. Malgré cela on se décida à lui en envoyer encore une. Ludolf de

Suchem raconte même à ce sujet que le Grand Maître du Temple, « qui était l'ami intime du soudan », ayant envoyé une députation à celui-ci pour implorer la paix, Kélaoun lui aurait fait répondre qu'il se contenterait d'un sequin vénitien par tête d'habitant, mais que le Grand Maître ayant réuni le peuple dans l'église de Sainte-Croix pour lui faire part de ces conditions, fut insulté par la foule. On le traita de traître. Il n'échappa qu'avec peine à des violences matérielles.

Entre temps le bruit commençait à se répandre en Syrie que le sultan marchait sur Saint-Jean-d'Acre avec toutes ses forces. Malgré les supplications du patriarche, Nicolas Tiepolo fut parmi ceux qui s'en allèrent les premiers. Une partie des forces qu'il avait amenées partit avec lui.

Vers la fin de l'an 1290 ou dans les premières semaines de 1291, Kélaoun, dans une proclamation longuement motivée, annonça à ses peuples qu'il allait venger par la prise de Saint-Jean-d'Acre les violations incessantes des trêves commises par les chrétiens. Cette nouvelle fut accueillie avec un immense et pieux enthousiasme par tout le monde musulman. De même dans une lettre fameuse dont le texte authentique nous a été conservé, écrite au roi Héthoum d'Arménie, Kélaoun annonçait à ce prince qu'il avait juré sur le Coran de ne laisser la vie à aucun habitant chrétien de la cité maudite.

Nous venons de voir que, malgré la défense du sultan, les Francs lui avaient encore dépêché une ambassade suppliante. C'était, hélas! une mesure bien inutile. Dès que les quatre envoyés chrétiens : Philippe Mainebeuf qui parlait la langue arabe, le templier Barthélemy Pisan de Chypre, un chevalier de Saint-Jean et un scribe du nom de Georges, se furent rendus à la cour de Kélaoun pour lui donner toute satisfaction, ils furent sans autre forme de procès jetés dans un cachot où ils périrent (1). Comme ces malheureux ne reparaissaient pas, et que tous les efforts des chevaliers des Ordres pour obtenir la livraison au soudan des coupables avaient échoué devant le mauvais vouloir presque universel de la population, les premiers personnages de la cité, le patriarche Nicolas, les chefs des Ordres militaires, Jean de Grailly et le fameux guerrier Otton de Granson, qui était venu de Londres en Palestine par Rome, se réunirent un jour dans la cathédrale de Sainte-Croix d'Acre et s'entretinrent avec angoisse des mesures à prendre. Le vaillant patriarche releva les courages défaillants. Dans une allocution toute vibrante d'admirable énergie il exalta les sentiments de concorde chrétienne que l'imminence du danger avait quelque peu ranimés parmi les défenseurs de ce suprême boulevard de la foi en Syrie,

(1) Une source chrétienne dit que cette ambassade eut lieu quarante jours avant le début du siège.

« car il semble, leur dit-il, que vous ne soyez plus qu'un cœur et qu'une âme, car vous vous êtes ainsi rendus agréables à Dieu et aux hommes. »

On expédia en Occident dans toutes les directions les plus pressants appels : au roi de Chypre, au Pape, aux Ordres militaires. Ces derniers répondirent par l'envoi de très nombreux chevaliers. On vit de même arriver quelques nouvelles troupes de secours provenant des dernières localités appartenant aux Chrétiens sur le rivage de Syrie.

Sans cesse la population d'Acre était occupée tout entière à s'approvisionner de vivres, à réparer et renforcer avec ardeur les tours, les murailles gigantesques et les profonds fossés de son enceinte. Cette population valide pouvait se monter en tout à 30 000 ou 40 000 personnes. Les hommes en état de combattre étaient au début du siège environ 14 000, dont 800 chevaliers et 13 000 hommes de pied. « Si des forces relativement aussi faibles, dit Röhricht, parvinrent à opposer durant plus de quarante jours une résistance aussi énergique à l'énorme armée ennemie, il faut attribuer ce résultat non seulement au courage des défenseurs qui luttaient en désespérés, mais surtout à la force et à la perfection des ouvrages de défense qui formaient autour de Saint-Jean-d'Acre une double et magnifique ligne de circonvallation faisant de cette ville la plus redoutable forteresse d'Orient. »

D'autres sources estiment qu'il y avait assemblés à ce moment à Acre environ 2 000 à 3 000 chevaliers et 18 000 hommes de pied, plus 2000 ou 3000 écuyers, sergents ou turcopoles. « Dans ce nombre, dit M. de Mas Latrie, étaient compris tous les barons d'Outremer et leur service, les hommes valides venus de Tripoli et des autres villes chrétiennes conquises récemment par les Arabes, les Communes, les maisons militaires, enfin les croisés arrivés depuis la proclamation de la guerre et les soldats tenant garnison à Saint-Jean-d'Acre aux frais des rois de France et d'Angleterre, tous Occidentaux, désignés sous le nom habituel de *gens de la Croisade*. »

Les nombres donnés par les diverses sources varient en somme considérablement. Amadi parle de 700 chevaliers, 800 piétons, 13 000 pèlerins armés. Un autre énumère 40 000 femmes et enfants, 30000 pèlerins, seulement 1 200 chevaliers, *boni milites*.

On répartit l'ensemble de ces forces en quatre divisions. La première fut placée sous le commandement de Jean de Grailly et du vaillant Otton de Granson; la seconde sous celui du chef de la chevalerie chypriote et du maréchal Henri de Bolanden (1), délégué du Maître du Temple, Burchard de Schwanden; la troisième sous celui des Maîtres de l'Hôpital et de Saint-Thomas; la quatrième sous celui des

(1) Il devait tomber le 18 mai avec Gautier (ou Walter) Broyken et *tous* les frères de l'Ordre.

Maîtres du Temple et de Saint-Lazare. Pour chacune de ces quatre divisions, chacun des deux chefs désignés commandait alternativement. De chaque division une moitié devait constamment, à partir de la sixième heure, monter la garde sur le rempart durant huit heures consécutives; la seconde moitié la remplaçait alors et ainsi de suite. La moitié qui ne veillait pas sur le rempart avait la garde des portes.

« Les Templiers et les Hospitaliers, dit M. de Mas Latrie, renforcés des chevaliers de l'Épée et du Saint-Esprit, qu'on voit pour la première fois figurer dans les événements, s'étaient chargés de veiller à toute la partie septentrionale des remparts, depuis la mer jusqu'à une haute tour carrée, située à peu près au centre des fortifications, vers la plaine, nommé la Tour Maudite. D'après les plans anciens, elle se dressait sur la première ligne de circonvallation, dans l'angle nord-est. De ce point à la mer, vers le midi et le Carmel, sur les ouvrages de Saint-Nicolas, du Pont et du Légat, veillaient Jean de Grailly et Otton de Granson, qui avaient avec eux les Communes et tous les croisés.

« Le prince de Tyr, portant toujours le titre de baile du royaume de Jérusalem, mais exerçant en réalité une si faible autorité qu'aucune des chroniques européennes ne l'a mentionné, n'avait pas quitté la ville. Il y résidait, s'il n'y commandait pas, au nom de son frère le roi de Chypre; et, en attendant l'arrivée de ce dernier, il s'était établi, avec les chevaliers de Syrie et ceux venus déjà de Chypre, au poste peut-être le plus dangereux, dans une grosse tour ronde, nouvellement édifiée, qu'on appelait la Tour du roi Henri. Cette construction, contre laquelle se dirigea l'effort principal de l'attaque, était située en avant de la Tour Maudite et de l'enceinte continue, près d'un autre ouvrage récent et extérieur, désigné sous le nom de Porte ou Barbacane du roi Hugues, parce que le frère du roi Henri II l'avait vraisemblablement fait construire.

Les sources françaises affirment que Jean de Grailly avait le commandement supérieur de la ville. Suivant d'autres, le Grand Maître des Templiers, Guillaume de Beaujeu, était le véritable général en chef; aveu trop réel qu'il n'y eut pas assez d'unité dans la direction des troupes réunies à Acre et que chaque corps dut agir souvent isolément. Conrad, Grand Maître de Notre-Dame des Allemands, se plaça avec les gens du roi de Chypre à la Tour Ronde et à la Tour Maudite; les Italiens étaient conduits par leurs capitaines ou leurs consuls. Il n'est pas question des Génois dans les récits du siège; par contre, les Pisans se distinguèrent par leur activité et leur courageuse industrie. Ils avaient construit, non loin de la rue des Allemands, dont ils recherchaient toujours le voisinage, un grand engin en forme de catapulte qui contrebattait avantageusement les machines des assiégeants.

Le 4 novembre 1290, le sultan quitta enfin le Kaire, à la tête de son armée, mais il tomba aussitôt subitement malade et mourut dès le 10 près de Mardjed at-Tîn, à sept kilomètres seulement de sa capitale, au milieu de la consternation de tous, succombant à un empoisonnement, suivant la croyance universelle. Amadi raconte qu'à son lit de mort il fit jurer à son fils de mener à tout prix à bonne fin le siège de Saint-Jean-d'Acre. Ce fils et successeur, qui avait nom Malek-el-Ashraf, se hâta de rendre solennellement les derniers devoirs à son père et s'occupa incontinent avec la plus grande activité d'achever l'ouvrage commencé! Au rapport d'Ibn Férat, renouvelant les prescriptions paternelles, il expédia dans toutes les provinces les ordres les plus pressants pour l'armement général des contingents de guerre et la confection des machines de siège. Au mois de février 1291, l'émir Izz ed-dîn Aibek Afram se rendit par son ordre au Liban pour y veiller à cette construction. Dès le 4 mars, un premier convoi des portions de machines achevées fut mis en marche; le 15 du mois déjà on procéda au montage de ces diverses pièces sous le commandement de l'émir Alam ed-dîn Sindschar.

De toutes parts, à l'appel du nouveau sultan, en Égypte comme en Syrie et en Mésopotamie, la foule des guerriers sarrasins courait aux armes. Tous ceux de Damas, de Hamah, de tout le reste de la Syrie, du pays de Misr qui est l'Égypte, de l'Arabie aussi, se mirent en route par groupes nombreux. Tout fut disposé pour en finir enfin avec cette odieuse cité de Saint-Jean-d'Acre, écharde douloureuse dans la chair de l'Islam. Le vingt-troisième jour de mars, le naïb ou généralissime de Syrie, Hussam ed-dîn Toghril, quittait de son côté le Kaire pour aller assembler le reste des contingents syriens. Le 26 mars enfin, le valeureux prince de Hamah, Malek el-Muzaffar, le propre frère de l'historien géographe célèbre Abou'l féda, fit son entrée à Damas à la tête de ses contingents; le lendemain, ce fut le tour de Seif ed-dîn Belban, l'émir ou gouverneur du puissant château des Kurdes. Une immense agitation militaire animait toutes les poudreuses routes de Syrie convergeant à la grande citadelle chrétienne. D'innombrables et lents convois de chameaux pelés, aux files interminables, des bandes infinies de piétons et de cavaliers aux blancs manteaux, semblaient comme un peuple de fourmis accourant à la curée.

L'historien Abou'l féda, dont la chronique historique nous est un document si précieux, commandait personnellement dans l'armée de son père, le prince de Hamah, à un groupe de dix hommes à l'aide desquels il surveillait et dirigeait le voyage d'un segment (une roue) d'une catapulte de proportions tellement gigantesques que l'ensemble nécessitait cent paires de bœufs pour le transport. Cette formidable machine avait nom « la Victorieuse », *al Mansurije*. Le trajet jusqu'à Acre fut infiniment pénible, grâce au plus terrible, au plus inclément des hivers. Une pluie glaciale tombait incessamment en véritables cataractes. La route était abominable, surtout entre Hesn el Akrad et Damas. Les bœufs, accablés par la rigueur du froid et les chemins si affreux, mouraient en quantité. D'Hesn el Akrad à Acre, la cavalerie mit plus d'un mois à faire le trajet au lieu des quelques jours qu'on prenait d'ordinaire. Les troupes de Hamah prirent place à l'aile droite de l'armée assiégeante. La « Victorieuse » fut disposée en face de la section du rempart confiée à la garde des Pisans.

Cependant, en Égypte, dans la nuit du 24 février 1291, le nouveau soudan, impatient d'illustrer son règne sur les traces de son père en délivrant la Syrie de la présence des Infidèles, avait réuni en une grande fête au tombeau de celui-ci, dans la *koubbet* ou mosquée funéraire dite *Mansurige*, tous les notables, les savants, les cadis, les docteurs de la loi et les lecteurs du Koran du Kaire. Tous ces vénérables personnages jusqu'à l'aube lurent les livres saints à l'intention de l'illustre défunt. Malek-el-Ashraf leur fit faire de somptueuses distributions de vêtements d'apparat et d'argent. Il ordonna de jeter également de la menue monnaie au peuple et fit d'autres abondantes aumônes. Le 6 mars, il prit enfin la route de Damas accompagné par son harem qu'il laissa dans cette ville. Avant qu'il ne poursuivît de là sa route vers Saint-Jean-d'Acre, raconte Makrizi, le scheik Scheref ed-dîn Busiri vit en rêve un inconnu qui récitait ces vers :

« Déjà les Musulmans ont pris Acre et coupé la tête aux Infidèles. Notre sultan a conduit à l'ennemi des escadrons qui ont réduit en poussière sous leurs sabots de vraies montagnes. Les Turcs ont juré au départ de ne laisser pas un pouce du sol aux Francs. »

De même, au moment du départ du sultan le cadi Mohi ed-dîn Abd ez Zahir lui chanta ces vers : « O vous, les fils du Blond (le Christ), bientôt la vengeance de Dieu se déversera sur vous, dont il ne subsistera rien ! Déjà Malek-el-Ashraf est descendu sur vos rivages. Préparez-vous à recevoir de sa main des coups insupportables. »

Après que, vers la fin de mars, les premiers contingents sarrasins eurent pénétré dans la grande plaine qui enveloppe Saint-Jean-d'Acre et terriblement ravagé cette riche banlieue de la capitale chrétienne, le 5 avril, le sultan en personne, à la tête de tout le reste de son immense armée, arriva sous les remparts fameux. Ce jour-là, ces forces colossales se trouvèrent définitivement réunies. Il est impossible d'évaluer, même approximativement, leur nombre, qui était certainement énorme. Les chiffres donnés par les contemporains varient infiniment entre six cent mille et cent vingt mille guerriers tant cavaliers que fantassins. Un chroniqueur anonyme parle de dix émirs commandant chacun à quatre mille cavaliers et deux mille fantassins. M. de Mas Latrie donne les chiffres de soixante mille cavaliers et de cent soixante mille hommes de pied.

Les évaluations varient de même pour le nombre des catapultes et autres machines de guerre que l'armée sarrasine traînait à sa suite. Une source chrétienne donne le chiffre fantastique de six cent soixante-six, uniquement parce que c'était là le nombre mystérieux de l'Antéchrist! D'autres sources indiquent un nombre beaucoup moins élevé. Abou'l Pharadj parle de trois cents. Un autre chroniqueur dit qu'il y en avait quatre-vingt-douze, ce qui serait déjà formidable. Une partie, paraît-il, provenait de celles qui avaient été prises auparavant sur les Francs. Deux jours seulement après l'arrivée de l'armée, toutes ces machines se trouvaient en place, grâce à la formidable activité de ces milliers de guerriers de la foi. Déjà quatre jours plus tard, le 12 avril, complètement installées et montées, elles commencèrent à battre furieusement la haute muraille chrétienne. Parmi les plus puissantes de ces machines colossales, outre la « Victorieuse » ou « Mansurije », dont j'ai parlé déjà, on montrait la « Furieuse », opposée aux Templiers, une troisième encore opposée aux Hospitaliers, une quatrième opposée à la Tour Maudite. Aboul' Pharadj dit que l'armée assiégeante comptait des milliers de mineurs. Devant chaque tour on en avait disposé mille qui, au moment de l'assaut, devaient les attaquer en sapant leurs fondements. Aboul' Mahaçen, autre historien excellent, dit que parmi les machines de siège il y en avait de si colossales et de si puissantes qu'elles lançaient des quartiers de roc pesant un quintal, même davantage. Les Musulmans eurent, par ce puissant moyen, bientôt fait de pratiquer des brèches en différents endroits.

« Le siège d'Acre, dit Abou'l Mahaçen, commença le jeudi, quatrième jour du mois de rébi second. On y vit combattre les guerriers de toutes les contrées de la terre alors connues. L'enthousiasme des Musulmans était tel que le nombre des volontaires dépassait de beaucoup celui des troupes régulières. » Ludolf de Suchem dit non sans exagération que l'immense armée du sultan comptait six cent mille combattants, que quarante jours durant, soixante machines lancèrent à toute volée des pierres sur la ville, que les flèches volaient si dru que d'après un témoin oculaire un javelot lancé du rempart fut incontinent fendu en mille morceaux par elles!

Chaque jour les Musulmans de blanc vêtus se précipitaient à l'assaut des murailles, pareils à une forêt de lances, hurlant leurs imprécations et leurs furieux cris de combat. Une musique guerrière assourdissante, terrifiante, venait grossir encore cette clameur bestiale universelle, excitant follement l'ardeur des combattants qui luttaient ainsi plusieurs heures durant. Le combat se terminait presque constamment par la victoire des assiégés. C'est pourquoi ceux-ci, ainsi que le déplore pieusement le récit peut-être bien très exagéré d'un témoin oculaire, Arsénius, se livraient journellement, malgré ces circonstances si effarantes, malgré le péril si pressant, à toutes sortes de réjouissances et d'orgies dans les tavernes et les maisons mal famées, « car ils ne pouvaient imaginer que leur fin fût si proche, si effroyablement certaine, et cependant aucun doute n'était possible à la vue de cette énorme armée de siège qui étreignait cette malheureuse cité depuis des jours et des jours déjà. »

Quelques-unes de ces premières rencontres durent être fort sanglantes. La *Chronique de Syrie* parle une fois, certainement avec grande exagération, de 20 000 Sarrasins tués. Une autre fois, dans un combat devant la porte Saint-Nicolas, Amadi parle de 3 000 Infidèles tués contre 8 Chrétiens seulement!

Aou'l féda, qui combattait, je l'ai dit, dans l'armée de son père, le brillant prince de Hamah, raconte ce qui suit, rendant hommage à la bravoure des Francs : « Leur ardeur, dit-il, était telle qu'ils ne daignaient même pas fermer les portes de la ville. Les troupes de Hamah étaient, comme à l'ordinaire, placées à l'extrême droite des lignes de l'armée assiégeante; nous avions la ville en face et la mer à notre droite; près de nous étaient postées des barques chrétiennes protégées contre le feu grégeois par des madriers et des mantelets de peaux de buffles; leurs frondeurs nous inquiétaient à coups de javelots et de traits d'arbalète; il fallait nous défendre à la fois des attaques de la garnison et de celle des vaisseaux ennemis contre notre aile droite. Un jour les Francs firent approcher de nous un navire portant une machine de trait qui lançait des pierres sur nous et sur nos tentes. Ce navire nous était insupportable, mais une nuit, il s'éleva un très fort vent qui le ballotta à tel point que la machine fut complètement disloquée et ne put plus fonctionner. Une nuit où brillait un magnifique clair de lune, — c'était la nuit du 15 au 16 avril, — les Francs entreprirent une sortie contre nous par la porte Saint-Lazare, et, surprenant notre armée, ils pénétrèrent jusque parmi nos tentes; repoussant devant eux nos avant-postes, ils nous attaquèrent ainsi avec la dernière violence jusque dans notre camp; mais ils s'embarrassèrent dans les cordes des tentes; un des leurs, un chevalier, tomba dans la fosse d'aisance d'un de nos émirs; il y fut massacré; on eut beaucoup de peine à se défaire de ces fougueux assaillants; à la fin cependant ils s'aperçurent que nous étions plus nombreux qu'eux et les guerriers de Hamah les obligèrent à rentrer en désordre dans la ville après qu'on en eut tué un grand nombre. Le lendemain, au point du jour,

5

Malek-el-Muzaffar, le prince de Hamah, mon père, fit suspendre les têtes de plusieurs de leurs chefs aux cous des chevaux qui leur avaient été pris et envoya au sultan ce sanglant butin. »

Les *Gestes,* à propos de ce combat, disent que les chrétiens s'efforcèrent de jeter du feu grégeois dans les boisages du camp ennemi, mais que l'officier intitulé le vicomte du port, qui commandait cette manœuvre, manqua son coup. Le jet trop court endommagea simplement les propres machines des assiégés. Une autre sortie entreprise presque aussitôt après par la porte Saint-Antoine sous la protection d'une nuit sombre, échoua complètement parce que les assiégeants éclairèrent immédiatement cette obscurité de leurs feux innombrables. Il y eut environ deux mille morts de chaque côté, ce qui paraît encore bien exagéré.

Toutes ces infortunes de guerre, les terribles pertes subies par les assiégés dans leurs rencontres avec l'armée si puissante du sultan, tellement plus nombreuse, et cela sans qu'ils pussent recevoir le moindre renfort, les fatigues surhumaines occasionnées par le service de garde aux remparts, service qui ne cessait pas une minute, ni de jour, ni de nuit, la ruine déjà commençante, sous le jet incessant des blocs géants et sous l'action non moins incessante des mines, de nombreuses tours et de non moins nombreuses sections des murailles, toutes ces causes réunies eurent tôt achevé, malgré les débuts les plus brillants, de paralyser les forces de résistance de cette garnison cependant si pleine d'énergie et de courage. Il en fut surtout ainsi à partir du 4 mai lorsque de terribles salves de feu grégeois et une grêle effroyable de pierres énormes se déversèrent heure après heure, jour après jour, sans un instant de répit, sur la malheureuse cité chrétienne.

Les vivres, dit à peu près M. de Mas Latrie, régulièrement apportés du dehors par mer, ne manquaient point; mais l'espoir du succès, que l'énergie de la défense avait donné d'abord, s'était affaiblie. On avait déjà fait passer en Chypre une grande partie des femmes et des vieillards. Il restait encore dans la ville de très nombreux combattants. On réparait bien aussitôt les portions de muraille abattues par les machines des assiégeants. Les pierres ou le temps venant à manquer, on fermait les brèches au moyen de fortes estacades de bois; on improvisait un rempart avec des sacs de coton et de laine, derrière lesquels on continuait à combattre avec acharnement; mais les assiégés ne pouvaient plus arrêter les travaux des mineurs, qui s'avançaient vers la Tour du roi Henri et sapaient, en même temps, les fortifications en dix endroits différents. On remarqua aussi, dans ce siège mémorable, des compagnies d'artificiers arabes qui, une fois parvenus à la portée du trait, jetaient avec ensemble le feu grégeois sur les chrétiens, pendant que les archers, dont la fumée cachait la position, faisaient pleuvoir dans leurs rangs une grêle de traits. D'autres lançaient des projectiles en faïence ou en terre cuite en forme de grenades, qui contenaient un mélange détonant : au moindre choc, la grenade éclatait, projetant en tous sens ses fragments meurtriers.

Toutefois, dans ce même jour du 4 mai, alors que ce siège terrible durait depuis un mois et que les galeries des mineurs avaient atteint déjà le pied de la Tour du roi Henri, les assiégés virent avec une joie profonde arriver enfin par mer un secours précieux : c'était le roi Henri de Chypre qui accourait à leur aide avec une petite armée montée sur une flottille d'environ quarante navires. Les sources diffèrent beaucoup sur l'importance de ce corps auxiliaire. Marino Sanuto parle de deux cents chevaliers et de cinq cents hommes de pied. L'archevêque Jean de Nicosie, au dire du même auteur, accompagnait son souverain. Tous ou presque tous les auteurs sont par contre d'accord pour louer la bravoure du jeune roi (1). Les assiégés, transportés d'allégresse, l'accueillirent en allumant des feux de joie. Il combattit vaillamment les infidèles, mais son corps d'armée était réellement trop faible et il ne conquit pas plus d'influence dans la direction des événements que ne l'avait fait son frère qui,

(1) Ceux, en petit nombre, qui l'accusent de lâcheté, sont manifestement de mauvaise foi.

lui, était à Acre depuis avant le commencement du siège. De même il échoua entièrement aussi bien dans ses tentatives pour prévenir ou éteindre les terribles dissensions sans cesse renaissantes entre les chevaliers des divers Ordres et entre ceux-ci et les trafiquants italiens que dans celles pour empêcher la fuite secrète, incessante, de beaucoup de personnages considérables qui, affolés de terreur, chaque nuit réussissaient à s'embarquer pour l'île de Chypre. Ces terribles querelles entre associés semblent avoir eu pour la défense un résultat vraiment déplorable. Ludolf de Suchem dit ouvertement que Saint-Jean-d'Acre fut perdue par la faute des commerçants italiens. Il dit que les perpétuelles zizanies des combattants latins paralysèrent leur action. Seuls, selon lui, les chevaliers teutoniques combattirent sans reproche jusqu'à la fin.

Aussitôt après son arrivée, le roi, malgré les bien faibles chances qu'il y avait encore de repousser les assiégés, alors que la situation semblait presque désespérée, crut devoir faire une dernière tentative auprès du sultan. Il lui envoya solennellement deux ambassadeurs : Guillaume de Cafran et le chevalier Guillaume de Villiers (1), chargés de demander des explications sur cette agression soudaine contre la

(1) Celui-ci, disent les *Gestes*, 243, 246, avait sa tente dressée près de la « Sommerie », autrement dit près des Écuries du Temple. Tout près, sur une hauteur, on voyait une belle tour et une série de beaux jardins et de vignobles appartenant tous au Temple.

ville de Saint-Jean-d'Acre. Mais Malek-el-Ashraf refusa toute conversation sur ce sujet et se contenta de demander aux deux envoyés s'ils lui apportaient les clefs de la ville. Sur leur réponse négative et comme ils imploraient sa pitié pour le pauvre peuple de la cité, il leur dit que sa seule volonté était d'avoir Saint-Jean-d'Acre, tout le reste lui demeurant fort indifférent. « Nous ne pourrions sans risquer la mort, s'écrièrent-ils alors, conseiller aux nôtres de rendre la ville! » Malheureusement, à ce moment même de l'entretien, les assiégés étant en train d'essayer une nouvelle catapulte placée sur la Tour du Légat, une pierre, lancée de là, effleura de si près la tente du sultan que celui-ci, écumant de rage, tira son épée pour tuer les ambassadeurs chrétiens. Les infortunés s'estimèrent fort heureux de s'en tirer avec la vie sauve. Ainsi ces négociations suprêmes furent brusquement rompues après que l'émir Schugaï eut prié le sultan de ne pas rougir son épée « dans le sang des porcs! »

Entre temps, les assiégeants, par leur bombardement infernal, incessant, ne cessaient de faire des progrès. Les troupes du même émir Schugaï venaient d'attaquer, après en avoir sapé et miné les fondements, cette nouvelle tour qui se dressait en avant de la Tour Maudite, sur la première muraille, ouvrage extérieur, percé de meutrières, qui s'appelait « la Tour du Roi ». De même, elles avaient déjà complètement démoli et ruiné la Barbacane dite du roi Hugues et la Tour de la comtesse de Blois (1) avec toute la ligne du rempart qui allait de la Tour Saint-Nicolas à la Barbacane du roi Édouard d'Angleterre. Le 8 mai probablement, la Barbacane du roi Hugues, complètement ruinée, s'écroula tout entière avec le pont qui la reliait à l'intérieur de la ville. Le 15, tomba définitivement la Tour du roi Édouard. Ses débris comblèrent entièrement le fossé et facilitèrent ainsi le passage de l'ennemi, qui occupa aussitôt ces ruines et garnit avec des sacs de sable et des fagots de ramée les vides produits par l'action des sapes et des mines; ce fut comme une sorte de voie artificielle créée pour pénétrer dans la ville.

Quel spectacle effroyable c'était qu'un de ces grands sièges du moyen âge oriental! Quelle formidable agitation guerrière, quelle confusion, quelle rumeur constante et terrible! D'un côté se dressent les remparts géants couverts de la foule des combattants aux cottes de mailles étincelantes sous les feux du soleil syrien; on aperçoit les machines colossales, balistes et catapultes, qui ne cessent de lancer les pierres énormes et les lourds javelots meurtriers. De l'autre, c'est la foule sarrasine infinie, aux cent races diverses, bariolée des plus pittoresques costumes de guerre. Des bandes de cavaliers aux burnous

(1) La comtesse de Blois était morte à Saint-Jean-d'Acre le 2 août 1287 et ces tours pourraient bien dater de cette époque.

blancs passent sans cesse au galop, brandissant leurs armes, poussant mille imprécations. Les artificiers à la peau bronzée manœuvrent les catapultes géantes, accroupies au loin comme autant d'animaux fabuleux. Sans cesse ils s'arc-boutent pour tendre les cordes soutenant les paniers monstrueux pleins de quartiers de roc. Sans cesse, au milieu des flots de la plus affreuse poussière, ceux-ci vomissent leurs pesants projectiles sur la malheureuse cité. Les émirs au blanc turban poussent à l'assaut les milliers d'hommes de pied dont les brunes figures ruissellent de sueur. Un infernal tumulte emplit l'atmosphère; les cris de douleur, les imprécations des blessés et des mourants, les hurlements des combattants qui s'excitent à la lutte, les détonations du feu grégeois, le choc des quartiers de roc s'abattant sur le rempart, le bruit que font en s'agitant ces milliers de combattants et d'animaux, tout cela constitue le plus terrible des ouragans humains, une vraie scène de l'enfer. Et toujours sur ces images d'horreur l'implacable soleil d'Asie flamboyant dans un ciel sans nuages!

Au matin du 16 mai, aux premières lueurs du jour, le sultan monta à cheval et toute son immense armée se rua à l'assaut sur toute la ligne du rempart d'un rivage à l'autre par toutes les brèches praticables. Les chrétiens ne pouvaient plus guère opposer à leurs ennemis qu'environ sept mille combattants exténués de fatigue. Bientôt le fossé à la porte Saint-

Antoine fut, sur une longueur de plus de cent brasses, comblé par toutes sortes de matériaux qu'avaient apportés sous la conduite de milliers de conducteurs plus de trente mille bêtes de somme : chevaux, ânes et chameaux, bœufs aussi traînant des chariots. Aussitôt les assaillants escaladèrent l'avant-mur où une brèche avait été pratiquée sur une longueur de soixante brasses. L'enthousiasme était immense dans leurs rangs. Des derviches à la traînante chevelure, des santons fanatiques se jetaient dans les fossés, parmi les sacs de terre, et faisaient de leurs corps un passage aux colonnes d'assaut. Makrizi raconte que, pour exciter encore l'ardeur de ses soldats, le sultan avait réuni un corps de trois cents timbaliers sonnant du tambour, montés sur des chameaux. Cette musique extraordinaire, renforcée par celle des cymbales, des trompettes, de mille autres instruments, couvrait la ville assiégée d'une immense et assourdissante rumeur.

Les défenseurs, exténués de fatigue, reculèrent de la longueur d'une portée d'arbalète devant la fureur de ces formidables bandes d'assaut. Ils se retirèrent de maison en maison vers l'intérieur de la cité jusqu'au moment où l'on vit accourir les chevaliers du Temple venus d'une autre extrémité de la ville. L'apparition de ces vaillants rendit l'espoir aux combattants chrétiens découragés. Le maréchal de l'Hôpital, Mathieu de Clermont, prenant leur tête, poussa

6

de l'avant, à travers les masses ennemies, avec une magnifique vigueur. Il transperça de part en part un émir ennemi, frappant autour de lui d'estoc et de taille, tuant et blessant une foule de Musulmans. Électrisés par son exemple, les défenseurs d'Acre reprirent un moment l'offensive et réussirent après une lutte terrible à repousser à nouveau l'ennemi au delà de la brèche de la muraille. Mais là expira ce suprême effort, et les assaillants, se groupant autour de l'étendard déployé du sultan, tinrent ferme en ce point durant qu'au nom de Malek-el-Ashraf on sonnait le rappel. Ce terrible assaut avait certainement échoué, mais la situation des assiégés n'en demeurait pas moins désespérée.

Les chrétiens, qui avouaient une perte de deux mille hommes alors qu'ils affirmaient avoir massacré plus de vingt mille Sarrasins, se hâtèrent de disposer devant la brèche si vaillamment reconquise vingt de leurs plus grandes catapultes et cinquante de moindres dimensions. Ils y apportèrent en hâte les munitions nécessaires : quartiers de roc, pierres et armes de trait. Puis, accablés par ces fatigues surhumaines, ils s'abandonnèrent jusqu'au lever du soleil à quelques heures d'un trop précaire repos. Durant ce temps, la plupart de leurs chefs se réunissaient avec les autorités de la cité en un conseil suprême dans la maison de l'Hôpital, tandis que les autres faisaient armer en hâte dans le port les quelques navires et barques disponibles pour essayer de sauver au moins les vieillards, les femmes, les enfants qui étaient encore dans la ville.

Cette dernière tentative ne pouvait guère aboutir, car les bâtiments génois et autres encore réunis dans le port étaient de dimensions beaucoup trop faibles. En outre, la mer était bien trop agitée pour qu'on pût tenter avec succès une pareille opération. L'assemblée fut néanmoins fort encouragée par une nouvelle magnifique harangue du patriarche, qui supplia les assistants d'avoir confiance et prédit encore la victoire en paroles chaleureuses. Une messe solennelle fut célébrée, puis on communia non moins solennellement, puis on prit en commun le repas du soir. Alors toute l'assistance, tous ces rudes guerriers préparés à une mort certaine, se donnèrent en pleurant le baiser fraternel et prêtèrent au milieu des larmes le serment de résister jusqu'à la mort. Puis ils coururent en hâte aux remparts, ayant repris des forces nouvelles, prêts à repousser avec fureur le nouvel assaut des Sarrasins. Mais le sauvetage espéré des femmes et des enfants fut, cette nuit, impossible. Dès le lendemain matin, 17, tous ceux qui avaient été embarqués pour aller à Chypre durent redescendre à terre, tant l'état de la mer rendait pour le moment toute fuite impossible.

La journée du 17 semble s'être passée de part et d'autre dans une sorte de languissante inaction. Ce fut comme la veillée suprême et douloureuse. Le soleil se leva le 18 mai dans une atmosphère sombre et brumeuse. Aux premières lueurs de l'aurore toute l'immense armée ennemie, au milieu d'un tumulte extraordinaire, se lança de nouveau à l'assaut. Ce fut, dès le grand matin, le même ouragan infernal de furieux cris de triomphe alternant avec le son des trompettes de guerre et des tambours portés à dos de chameaux, destinés à étourdir les oreilles des chrétiens, tandis qu'à la tête des colonnes d'assaut se précipitaient des troupes de renégats, de fakirs fanatiques, de derviches aux longs cheveux noirs leur couvrant les épaules. Toute l'armée assaillante était divisée en cent cinquante sections de deux cents hommes chacune, soutenues par une réserve de cent soixante autres groupes de pareil nombre. Ainsi divisées, les colonnes d'assaut se ruèrent à nouveau sur les brèches si péniblement barricadées l'avant-veille et sur les bastions complètement ruinés. Le magister Thaddeus, un des chroniqueurs chrétiens du siège, dit que le sultan avait promis une récompense de mille dirhems pour chaque lance chrétienne conquise. Un témoin oculaire raconte aussi que les premières sections d'assaut portaient de grands boucliers de bois, les secondes quatre chaudrons chacune, contenant de l'huile et aussi des torches de résine enflammées. Les trois sections suivantes étaient armées d'arcs;

les dernières enfin étaient équipées de courtes targes de cuir et de sabres courts aussi. Ceux-là, dit Amadi, avaient plus particulièrement pour objectif l'attaque de la Tour Ronde ou Tour du roi Hugues, que défendaient vaillamment le roi de Chypre, le prince Amaury de Lusignan, de nombreux Templiers et Hospitaliers, en un mot l'élite de l'armée assiégée.

Tant qu'ils eurent des munitions, les guerriers chrétiens luttèrent avec le plus intrépide courage; puis, quand elles furent épuisées, ils continuèrent le combat avec des bâtons, des faux et autres armes de fortune, à coups de pierre aussi, luttant furieusement pour la vie. C'est à ce moment même qu'une nouvelle apparition du valeureux maréchal des Hospitaliers, Mathieu de Clermont, vint une fois de plus changer pour quelques instants la face du combat. Accouru avec les siens d'une autre extrémité de la défense, il réussit, à l'aide de tous ces combattants à nouveau encouragés, à rejeter une fois encore au delà du rempart l'ennemi qui avait déjà forcé et dépassé la porte Saint-Antoine. Mais ce ne fut cette fois qu'un court répit; aux bandes sarrasines repoussées succédèrent des bandes nouvelles, troupes fraîches surexcitées à la fois par mille promesses et mille menaces, qui se précipitèrent de nouveau en avant. Également précédées par des multitudes de fakirs et de derviches frénétiques, encouragées par l'appât des récompenses célestes, elles se précipitèrent à la fois sur dix points différents de la malheureuse cité. La première de ces troupes, forte de plusieurs milliers de combattants, courant à travers des champs d'amandiers bouleversés par le jeu des mines, força à travers trois brèches différentes la Tour du roi Hugues que le bombardement des catapultes avait complètement ruinée. C'était en ce point que combattait le roi Henri de Chypre à la tête de sa chevalerie. Après que cette tour eut été ainsi prise et occupée par un détachement sarrasin, le reste des assaillants se rua sur la barbacane placée entre la première et la seconde muraille et l'occupa aussitôt. Là les vainqueurs se séparèrent en deux groupes : le premier, s'engouffrant sous la porte de la Tour maudite, marcha sur l'église Saint-Romain, où les Pisans avaient dressé leurs machines de jet; l'autre se précipita à nouveau dans la direction de la porte Saint-Antoine où combattaient encore beaucoup de chevaliers chypriotes et syriens. Ceux-ci durent céder à ce torrent furieux jusqu'au moment où le Grand Maître de l'Hôpital, Guillaume de Beaujeu, et celui du Temple, Jean de Villiers, fussent accourus à leur secours avec une douzaine de chevaliers tout au plus. Longtemps cette lutte inégale se poursuivit héroïquement, mais l'ennemi était trop nombreux. Assaillis par des décharges de feu grégeois, par une pluie incessante de grenades jetées à la main qui éclataient en provoquant d'horribles blessures, surtout par une effroyable averse de flèches qui obscurcissaient littéralement l'atmosphère, ces héros finirent par succomber presque jusqu'au dernier. Le Maître du Temple, atteint à l'épaule droite, au défaut de la cuirasse, par une flèche, fut avec grand'peine entraîné loin du combat et transporté à la maison de son Ordre où il expira peu après. En le voyant partir, ses compagnons de lutte avaient cru qu'il fuyait. Il avait dû arracher la flèche de sa blessure et la leur montrer, puis, s'évanouissant, il s'était affaissé et on l'avait emporté déjà mourant. Il ne fut nullement traître comme l'ont affirmé à tort diverses sources, mais, bien au contraire, mourut en héros. Ce fut alors un affreux massacre. Des Templiers, il n'en survécut que dix, des Hospitaliers seulement sept. Aucun Teutonique n'échappa. Diverses sources célèbrent leur admirable courage. De même le Grand Maître de l'Hôpital, Jean de Villiers, fut aussi grièvement blessé, mais lui, du moins, put être transporté sur un navire et échappa. Quant à Mathieu de Clermont, qui, par des miracles de bravoure, avait réussi, frappant d'estoc et de taille, à remonter le flot furieux des ennemis entrant par la porte Saint-Antoine, puis à le descendre en sens contraire, il succomba enfin près de la rue des Génois où il rendit l'âme. Tous ces différents chiffres sur les pertes des divers Ordres de chevaliers sont, du reste, contredits par les indications de quelques autres documents contemporains qui parlent entre autres de Templiers renégats ayant vécu au Kaire après la prise d'Acre. De même Ludolf de Suchem raconte qu'à Matharia, dans les faubourgs de cette ville, il vit, parmi les chrétiens faits prisonniers à Acre, quatre Allemands dont un originaire de Schwarzbourg en Thuringe, puis qu'il rencontra plus tard deux Templiers, l'un bourguignon, l'autre toulousain. Ces infortunés étaient bûcherons sur les bords de la mer Morte. Le sultan finit par leur rendre la liberté. De même Jean Vitoduran dit que beaucoup de chevaliers chrétiens ainsi que leurs descendants étaient esclaves des Musulmans, mais que ceux-ci avaient pour eux de la considération. Röhricht, dans son beau livre, cite beaucoup d'autres exemples de chevaliers chrétiens ainsi faits prisonniers à Saint-Jean-d'Acre et devenus esclaves des Musulmans, tel Geoffroy de Semeray, dont le frère Jean le chapelain fut tué à la prise d'Acre, et qui, lui, fut fait prisonnier dans ces mêmes circonstances et rendu à la liberté neuf ans plus tard.

Sur ces entrefaites, d'autres groupes sarrasins encore s'étaient rués sur la masse des défenseurs pisans à la porte Saint-Romain. Ils les avaient chassés après avoir brûlé leurs machines. Puis, après un court et violent combat, ils avaient enlevé d'assaut la rue des Allemands et, s'engouffrant par cette voie, battu et repoussé les chevaliers de Saint-Thomas près l'église de Saint-Léonard. D'autres bandes encore avaient forcé l'entrée de la ville, les unes par la porte Saint-Nicolas, les autres par la Tour du Légat, car cet édifice qui, jusque-là, avait été vaillamment et heureusement défendu par Jean de Grailly et Otton de Granson, venait de succomber à son tour. Jean et Otton, forcés de fuir précipitamment, réussirent à atteindre un navire qui fut leur salut à tous deux. Certaines sources affirment que le premier échappa sans blessures et pour cela le couvrent d'injures. D'autres, tout au contraire, disent qu'il fut grièvement atteint. Le magister Thaddæus, le même qui dit qu'il faut excuser le roi de Chypre à cause de sa jeunesse, insulte Grailly et dit qu'il ne fut chevalier que de nom, chrétien que des lèvres.

C'était la fin de ce grand drame! Partout une foule sarrasine délirante escaladait les murailles, poussant des cris de mort, et se précipitait par les rues à la poursuite des chrétiens. La bravoure ne pouvait plus rien contre ces masses énormes que des renforts venaient grossir sans cesse. Tout était perdu. Presque tous les guerriers francs étaient tués, pris ou en fuite. Les quelques centaines d'entre eux, un millier peut-être, qui luttaient encore contre ce flot de noirs démons envahisseurs, furent facilement repoussés, exterminés ou pris. La foule des survivants chrétiens cherchant à sauver leur vie, courait vers le port, refuge suprême. Tous, chevaliers, prêtres, moines et religieuses, femmes de qualité ou du peuple, enfants, emportant les blessés, couraient le long des rues dallées. Arrivés au port, ils se jetaient à la mer par milliers, pour gagner plus promptement les navires. Malheureusement, il n'y avait en tout, paraît-il, que six navires prêts à appareiller, deux du pape, deux chypriotes et deux génois sous André Pellotus. On conçoit l'effroyable confusion de tous ces infortunés, sentant déjà derrière eux l'haleine des massacreurs lancés à leur poursuite, se ruant affolés vers ce précaire asile. Seul, le vénérable patriarche, Nicolas de Hanapes, religieux dominicain du diocèse de Reims, montra le plus grand courage. Ceux qui le suivaient durent l'entraîner vers le port, parce qu'il trouvait indigne de lui d'abandonner dans la mort son déplorable troupeau dispersé. Enfin on put le jeter dans une barque qui le conduisit à un navire de Venise; mais, comme il tendait les mains pour aider à sauver tous les malheureux qui nageaient autour de lui et s'accrochaient aux flancs du bateau, il tomba à la mer, puis la barque elle-même chavira sous le poids de tant d'infortunes. Tous ceux qui s'y trouvaient furent noyés à l'exception du porte-croix du patriarche; quant à celui-ci, soit que le matelot qui voulut le sauver ne sût pas saisir assez fermement la main qu'il lui tendait, soit que, vieux et faible, il ne sût être assez prompt, il disparut sous les flots. « Ainsi périt le bon patriarche et légat, frère Nicole! » Par contre le roi Henri de Chypre réussit à gagner le large ce jour-là et non point déjà dans la nuit du 15 au 16, comme l'ont affirmé tous ses détracteurs. Plus de trois mille des principaux habitants de la ville parvinrent à se sauver avec lui. Naturellement cette fuite valut au jeune souverain de Chypre les injures des contemporains et les plus graves accusations de lâcheté et de trahison. Ce grand départ, sous les yeux de l'armée musulmane victorieuse, impuissante cependant à l'empêcher, dut être une vraie scène de l'enfer. Diverses sources racontent qu'à cause de la violence de cette mer démontée, deux autres navires chavirèrent dans le port, noyant tous ceux qu'ils contenaient. Les *Annales* de Parme affirment cependant que beaucoup de Parmesans réussirent à se sauver. C'est de la bouche de ces derniers, réfugiés ou captifs libérés, que Thaddæus recueillit des indications pour son *Historia de desolatione et conculcacione civitatis Acconensis* éditée par mon si regretté ami le comte Riant à Genève en 1873. La grande maison florentine de banque et de commerce des Peruzzi éprouva de graves pertes dans cet ultime désastre des établissements chrétiens de Syrie. Le grand négociant pisan Pannocchia Sasetta degli Orlandi périt dans le désastre. Une liste des nobles vénitiens qui, en l'an 1296, par conséquent *après* la chute de Saint-Jean-d'Acre, réussirent à regagner de cette ville leur patrie, est conservée dans un manuscrit de la Bibliothèque de Sainte-Geneviève.

Le grand historien catalan quasi contemporain, Muntaner, parlant du fameux aventurier Roger de Flor, qui fut le premier chef des célèbres Almugavares ou routiers catalans lors de leur grande expédition en Orient aux débuts du quatorzième siècle, raconte ce qui suit : « Roger de Flor, dans sa grande jeunesse ayant été reçu frère Templier, se trouva avec la fameuse nef *le Faucon* que l'Ordre lui avait confiée dans les eaux de Saint-Jean-d'Acre lors du siège illustre de 1291. Durant le drame final, alors que les derniers guerriers latins de Syrie, chevaliers des trois Ordres ou nobles chypriotes, se faisaient héroïquement hacher pour permettre à la foule des vieillards, des femmes, des enfants, de s'embarquer, le Templier Roger, après s'être distingué durant le siège, par divers exploits, après avoir pris un étendard et tué de sa main un chef ennemi, ne rougit point, paraît-il, d'extorquer aux malheureuses dames chrétiennes qui se réfugiaient à son bord des sommes considérables, fondement de son immense fortune future. Chassé du Temple pour cet acte infâme, accusé surtout d'avoir soustrait et gardé l'argent de l'Ordre dans le tumulte de cette catastrophe, forcé de fuir devant les poursuites du Grand Maître, dénoncé par ce dernier au terrible pape Boniface, il fut contraint pour son salut d'abandonner sa nef dans le port de Marseille et de se réfugier à Gênes.

Tandis qu'une partie des habitants et des défenseurs d'Acre réussissait ainsi à grand'peine à travers les affres de la mort, à se réfugier en Chypre ou en Arménie, où beaucoup d'entre eux se fixèrent, que beaucoup d'autres aussi quittèrent bientôt pour retourner en Italie, leur patrie, une autre portion, infiniment plus considérable, surtout composée de femmes, d'enfants, de vieillards, de prêtres, de moines, de religieuses, était barbarement massacrée dans les maisons et les rues de la ville. D'autres subissaient les plus brutales violences ou étaient entraînés en captivité, après avoir été liés nus en longues et lamentables chaînes. Surtout les femmes les plus belles, les enfants les plus gracieux étaient mis à part pour le harem du sultan et les marchés du Caire par ces vainqueurs sans pitié. Qui dira les lamentations infinies, les pleurs, les souffrances inexprimables de tous ces infortunés réunis dans une même catastrophe sans distinction de rang, pauvres et riches, grandes dames et filles du peuple, enfants de chevaliers ou de pauvres hères?

Parmi ceux qui furent sur-le-champ massacrés, les sources mentionnent les moines de Saint-Dominique; ils périrent tous, à l'exception de sept, chantant en chœur le *Salve Regina;* puis encore tous les religieux de Saint-François, sauf cinq. Deux ou trois cents parmi ces moines cherchèrent et trouvèrent la mort en combattant; parmi ceux-ci les chroniques citent le dominicain Lapo de Cascia. Un autre, Matthæus, réussit à s'échapper ; un autre encore, Jacques Siminetti, parvint à gagner Chypre. Le couvent de ces enfants de saint Dominique s'élevait sur le bord de la mer entre le « Buverel » et l'ancien quartier génois. La *Chronique de Styrie* rimée qui, à travers une foule de récits fabuleux et d'erreurs, raconte cependant sur le siège d'Acre quelques faits historiques, dit que le frère Hermann de Saxe, qui avait passé aux Sarrasins impies, revint dans la ville pour combattre ses coreligionnaires et se fit tuer glorieusement.

Dans sa fameuse lettre de menaces au roi Héthoum d'Arménie, le sultan Malek-el-Ashraf raconte entre autres que les musulmans firent prisonnières tant de jeunes femmes à la prise d'Acre qu'on les vendait couramment sur le marché des esclaves une drachme pièce.

D'après une antique chronique autrichienne, on fit trois parts des captifs : les enfants, qui furent épargnés, les religieux des deux sexes qui refusèrent d'abjurer et qu'on massacra, les femmes enceintes enfin, dont on fendit le ventre. Le récit fantastique de Ludolf de Suchem de la fuite de cinq cents dames et jeunes filles de qualité, courant au port, offrant leurs bijoux, leur main même à qui les sauverait, puis soudainement et heureusement conduites à Chypre par un nautonier mystérieux qui disparut aussitôt, n'est certainement qu'un récit légendaire. En 1340, cinquante ans après le drame final de Saint-Jean d'Acre, toutes les plus nobles dames de Chypre portaient encore le deuil de cette grande catastrophe de la chrétienté franque d'Orient.

Les chiffres des victimes fournis par les diverses sources varient infiniment, de dix mille à plus de cent mille; de même pour le nombre de ceux qui purent s'enfuir. Une grande masse des habitants chrétiens, plusieurs milliers probablement, avec le maréchal du Temple, Pierre de Sevry, beaucoup de religieux aussi, s'était au premier moment, dans le trouble affreux qui suivit la prise de la ville, jetée éperdument dans le très fort château du Temple situé près de l'angle occidental de la muraille en avant du port, sur le rivage même, ouvrant sur la pleine mer. Les murailles de cet édifice énorme, vraie place forte indépendante du reste de la cité, avaient vingt-huit pieds de profondeur. A chaque angle s'élevait une grosse tour surmontée d'un lion de cuivre richement doré, de la grandeur d'un bœuf. D'autres fuyards s'étaient réfugiés et barricadés dans le palais même du Grand Maître, d'autres encore dans la maison forte des Teutoniques, aussi dans le château ou grand manoir des Hospitaliers. Partout dans ces fortes maisons, forteresses véritables, parfaitement armées, les chrétiens réfugiés, sachant quel sort les attendait, opposèrent une résistance désespérée, et les vainqueurs, à leur grande déception, alors qu'ils avaient pu croire un moment que toute lutte était terminée, se virent au soir du 19 mai contraints de recommencer une bataille terrible. Celle-ci devait se prolonger plus de dix jours encore. Nous n'avons presque aucun détail sur cette résistance suprême de tous ces malheureux voués à la mort. Ce dut être une effroyable tragédie, car ils se virent contraints de se défendre heure par heure, minute par minute, de jour comme de nuit, contre l'effort incessant de ces masses victorieuses, rendues furieuses par cette prolongation inattendue de la lutte. Chacune de ces forteresses encombrées de réfugiés, entourées par ces milliers de Sarrasins exaspérés, semblait un navire en détresse battu par les flots de la mer. Dans le château du Temple, le soir même de la prise de la ville, pendant que les Sarrasins pillaient et brûlaient partout, les réfugiés, chevaliers et prêtres, avaient barricadé les portes et s'étaient mis en défense, cherchant surtout à organiser le passage presque impossible dans l'île de Chypre. Le maréchal de l'Ordre, Bourgognon, et le nouveau Grand Maître, Thibaut Gaudin, qui venait d'être élu en remplacement de Jean de Villiers, firent réunir près des murs toutes les embarcations, mais il était trop tard.

Longtemps encore ces désespérés luttèrent. Enfin, soit qu'ils n'eussent plus de pain et d'eau, soit que les assiégeants fussent à bout d'énergie, on rentra en négociations. Le sultan fit offrir aux défenseurs la vie sauve et la libre sortie sans armes avec un vêtement pour chacun. Ces propositions si dures furent acceptées. Le sultan, après qu'il eut envoyé aux chrétiens de la maison du Temple un drapeau blanc en signe de sa protection, leur expédia un émir, à la tête de quelques centaines de soldats qui devaient surveiller la stricte observation des conditions de la capitulation. Mais ce chef se conduisit avec la dernière brutalité vis-à-vis des jeunes gens, garçons et filles, enfermés au château. Ses hommes souillèrent de leurs ordures la chapelle. Les chrétiens exaspérés voulurent les châtier. En vain le Grand Maître Gaudin, le maréchal Bourgognon s'efforcèrent de prévenir par leurs supplications cette catastrophe nouvelle. Cette foule de gens réduits au désespoir, refermant soudain les portes du château, se jeta sur les soldats musulmans qui y avaient pénétré; pas un de ceux-ci ne put échapper; tous furent massacrés. Les chrétiens, devenus comme fous furieux, allèrent jusqu'à couper les tendons des bêtes de somme que la capitulation leur avait laissées et cela pour les inutiliser. Le drapeau blanc du sultan, jeté à terre, fut lancé dehors devant les portes avec les cadavres des soldats musulmans. D'après une source, quelques-uns de ceux-ci auraient toutefois réussi à se sauver en sautant du haut de la muraille qui longeait la mer.

Le maréchal Bourgogon, se dévouant au salut de tous, se fit courageusement, après ce drame, conduire en hâte auprès du sultan et le conjura, après qu'il lui eut dit la brutalité de ses soldats qui avait entraîné leur massacre, de maintenir quand même les articles de la capitulation arrêtée entre eux. Mais Malek-el-Ashraf, dans le paroxysme de sa fureur, ne voulut rien entendre et fit décapiter le vaillant maréchal sur place avec tous ceux qui l'accompagnaient. Puis il ordonna de reprendre aussitôt le siège régulier de la maison du Temple durant que le Grand Maître Gaudin, avec les reliques précieuses, les vases sacrés, les trésors de l'Ordre, réussissait à se sauver de nuit, à Sidon d'abord, puis à Chypre.

Les chrétiens demeurés dans la forteresse, apprenant le supplice infligé au maréchal et à ses compagnons, comprenant que leur dernière heure était venue, résolurent de mourir sans prêter l'oreille à aucune nouvelle proposition de capitulation. Un premier assaut fut repoussé avec l'énergie du désespoir. Alors les assiégeants creusèrent des mines. Bientôt les murs entièrement ruinés n'offrirent presque plus de résistance. Un second assaut fut immédiatement inauguré, mais, à ce moment même, l'énorme et puissant édifice, miné de toutes parts, ébranlé par le choc des pierres lancées par les catapultes, s'écroula avec un bruit formidable, ensevelissant sous ses ruines musulmans et chrétiens. Les morts furent innombrables, de trois à sept mille suivant les auteurs. Cette ultime catastrophe eut lieu le 28 mai. Ainsi tomba le dernier boulevard de Saint-Jean-d'Acre, presque le dernier vestige de deux siècles de gloire et de prospérité des Francs en Terre Sainte. Les autres édifices de la ville encore aux mains des chrétiens, ainsi que les châteaux des Teutoniques et des Hospitaliers succombèrent presque en même temps aux attaques des Sarrasins. Amadi parle de cette maison des Hospitaliers comme d'un édifice fort et superbe. La grande salle, qui avait encore servi au couronnement du roi Henri de Chypre, avait trois cents coudées de long. Cette vaste demeure en ruines fut plus tard reconstruite pour le fameux émir Fackr ed-dìn. Toutes les autres belles maisons des Ordres militaires dont j'ai déjà parlé, celles des Communes de Pise et de Venise comme aussi de nombreux couvents d'hommes et de femmes devinrent de même des monceaux de ruines.

Jadis, lors de la croisade des rois Philippe-Auguste et Richard Cœur de Lion, juste un siècle auparavant, lorsque les chrétiens étaient rentrés dans Saint-Jean-d'Acre après le siège fameux de 1192, le cruel roi d'Angleterre avait fait, malgré qu'on leur eût promis la vie sauve, massacrer en masse les habitants musulmans qui s'étaient rendus à lui. En guise de représailles pour ce crime affreux, qui hantait encore au bout de cent ans les imaginations sarrasines, le sultan Malek-el-Ashraf fit supplicier également la plus grande partie de ses prisonniers, surtout les combattants et les gens âgés. Il fit aussi mettre le feu aux quatre coins de la ville, après qu'elle eut été horriblement dévastée. « Saint-Jean-d'Acre, dit Makrizi, fut entièrement détruite et démolie; les remparts furent complètement abattus; on rasa les églises et les édifices les plus considérables. Le reste devint la proie du feu. » — « Ce qu'il y eut d'admirable, dit en terminant l'historien Abou'l Pharadj, c'est que le Dieu très haut voulut que la ville fût prise un vendredi, à la troisième heure, au même jour et au même instant où les chrétiens y étaient entrés du temps du sultan Saladin. Dieu permit qu'en cette occasion le sultan reçût aussi les chrétiens à composition et les fit ensuite mourir. Voilà comme Dieu les punit à la fin de leur manque de foi. »

Makrizi dit encore que ce fut l'émir Shenas ed-din Bena qui entreprit la démolition méthodique de la ville. Ludolf de Suchem, qui visita Saint-Jean-d'Acre en 1335, quarante-quatre ans après la catastrophe, et qui y recueillit certainement encore de nombreux témoignages contemporains du siège, raconte que la garnison de la ville était alors de six cents Sarrasins qui vivaient au mieux avec les pèlerins d'origine

PORTAIL DE L'ÉGLISE PRINCIPALE DE SAINT-JEAN-D'ACRE
TRANSPORTÉ AU CAIRE COMME TROPHÉE DE VICTOIRE, SERVANT D'ENTRÉE
À LA MOSQUÉE-TOMBEAU DU SULTAN MOHAMMED-EN-NASSER DANS CETTE VILLE

(F. Daumas, photographe au Caire.)

allemande, les reconnaissant aussitôt à leur apparence, à leur démarche, buvant en secret avec eux le vin que leur interdisait la loi de Mahomet.

La nouvelle de la prise d'Acre, instantanément répandue au loin par la rumeur publique, sonna comme un glas funèbre parmi les dernières petites cités encore aux mains des chrétiens sur la côte de Syrie. L'effroi de ces malheureuses populations, depuis si longtemps tremblantes sous la menace de cette catastrophe, fut sans bornes. Les plus riches habitants de Tyr avec le baile royal Adam de Cafran abandonnèrent leur ville le jour même du 18 mai malgré ses magnifiques remparts, sa triple enceinte de murailles épaisses de vingt-cinq pieds, défendues par douze tours les plus fortes, les mieux construites qu'il y eut jamais.

Ces fuyards laissaient en arrière, dans leur terreur irraisonnée, femmes, enfants, vieillards, en outre toute la population pauvre. Dès le lendemain, 19 mai, Tyr fut occupée sans résistance par un corps sarrasin sous le commandement d'Izz ed-dîn Bena. Saïda, l'antique Sidon de Phénicie, — que les Templiers avaient acquise de leurs deniers, et où s'étaient réfugiés quelques-uns des leurs échappés de Saint-Jean-d'Acre, — comptant sur le secours promis par le Grand Maître Thibaut Gaudin, réfugié en Chypre, songea d'abord à résister. Ses habitants mettaient leur principal espoir dans leur superbe château, puissamment augmenté par le roi saint Louis. Il était situé dans une île, ce qui en augmentait la force. On se mit à le fortifier fiévreusement encore, mais à l'approche des troupes de siège de l'émir Alam ed-dîn Sindschar Schugaï qui, après avoir investi la ville de toutes parts, se disposèrent à attaquer aussitôt la forteresse, les Templiers, se sentant trop peu nombreux, s'enfuirent les uns à Tortose, les autres en Chypre. Saïda, aussitôt occupée par les Infidèles, fut immédiatement démantelée ainsi que son château insulaire dès la fin de mai ou le milieu de juin. — De même encore pour la forte cité de Baruth, l'antique patrimoine des Ibelin, la Beyrouth actuelle, le même Alam ed-dîn Schugaï, après avoir, par de fallacieux discours, promis aide et sûreté aux habitants accourus sans méfiance, les fit traîtreusement en partie massacrer le 21 juin, en partie conduire en esclavage à Damas et en Égypte. Peu de jours après, le 30 juillet, tomba encore Kaïfa, au pied du couvent du Carmel dont les moines furent égorgés eux aussi durant qu'ils chantaient le *Salve Regina*. Le monastère fut détruit de fond en comble.

A la nouvelle de tant de désastres successifs, les habitants d'Athlit, où se trouvait un des plus forts châteaux du Temple, de Tortose aussi, si puissamment fortifiée, de Djebail enfin, l'antique Byblos, s'enfuirent dans le courant d'août, abandonnant leurs villes à la dévastation. « Il ne resta dans la

Palestine, dit Makrizi, que les chrétiens qui se soumirent à payer le tribut. Le dernier reste de leur puissance avait disparu! » Il y avait exactement cent quatre-vingt-douze ans que la sainte cité de Jérusalem avait été conquise par les Francs et que Godefroy de Bouillon avait été proclamé roi du Saint Royaume de Palestine.

Déjà le 12 du mois de juin, le sultan Malek-el-Ashraf fit à Damas une entrée triomphale extraordinairement brillante après cette campagne si sanglante pour les siens, mais écrasante pour les chrétiens. D'après certaines sources, la prise d'Acre avait coûté soixante mille morts aux Sarrasins, dont plus de cent émirs, auxquels on rendit les plus grands honneurs funéraires. Les rues de la capitale syrienne étaient tapissées des plus belles étoffes sur le passage du cortège. Tous les habitants des campagnes étaient accourus pour admirer ce spectacle extraordinaire. La foule était prodigieuse sous un ciel de feu. On portait devant le sultan des bannières chrétiennes la pointe en bas, et, fichées sur la pointe des lances, les têtes des principaux chefs francs, tandis que les captifs suivaient, liés par des cordes sur leurs chevaux de guerre.

Après avoir consacré la plus grande partie de l'immense butin conquis à Acre à des fondations pieuses, à la construction et à l'entretien de coûteux monuments funéraires, de la chapelle sépulcrale de son père, de celle qu'il se faisait bâtir pour lui-même, après avoir attendu à Damas environ un mois que ses troupes eussent achevé d'occuper les dernières cités chrétiennes du littoral, le sultan repartit pour sa splendide capitale du Kaire où il entra en pompe encore plus brillante vers la mi-juillet, au milieu d'un immense concours. « Toute l'Égypte, dit Abou'l Mahaçen, était accourue pour prendre part à ce spectacle. »

Dans deux écrits du style le plus hautain, Malek-el-Ashraf fit part au roi Héthoum II d'Arménie de ces événements formidables, lui disant quel colossal butin il avait fait à Acre, le menaçant, s'il ne recommençait aussitôt à payer le tribut jadis fixé, de dévaster sa terre et de détruire sa capitale de Massissa. Dès l'an suivant, en 1292, il menait une expédition triomphante vers le haut Euphrate et s'emparait de la formidable citadelle arménienne de Hromgla. Le 12 décembre 1293 il périssait assassiné dans une chasse.

Makrizi raconte qu'on trouva dans une église de Saint-Jean-d'Acre un mausolée de marbre rouge portant une grande plaque de plomb avec une inscription grecque en plusieurs lignes. « Celle-ci portait que ce pays serait subjugué par un peuple de nation arabe, éclairé par la vraie religion; que ce peuple triompherait de tous ses ennemis, que sa religion l'emporterait sur toutes les provinces de la Perse et de l'empire grec, et que, vers l'approche de l'année 700 de l'Hégire, ce même peuple chasserait entièrement les Francs et détruirait leurs églises. Il y avait encore cinq lignes effacées qu'on ne put lire : le reste fut lu au sultan qui en fut dans l'admiration. »

Tous ces succès, si l'on en croit Makrizi, avaient été prédits d'avance; dès avant que le sultan se fût mis en marche vers Acre, un scheikh célèbre pour ses poésies, Scherf ed-dîn Bousiri, avait vu, pendant son sommeil, un homme qui récitait ces vers :

Les Musulmans se sont emparés d'Acre, et ont accablé les infidèles de [coups]

Notre sultan a marché contre eux avec des chevaux qui renversent tous [les obstacles].

Les Turcs ont juré de ne plus rien laisser aux chrétiens.

Le scheikh fit part à plusieurs personnes de sa vision qui ne tarda pas à se vérifier.

« Ainsi, s'écrie Abou'l féda, les villes fortes chrétiennes rentrèrent sous les lois de l'islamisme; ainsi fut lavée la souillure imprimée par la présence des Francs, de ces Francs naguère si redoutables. C'est à Dieu que nous sommes redevables de ce bienfait; soyons-en reconnaissants et rendons au Seigneur de solennelles actions de grâce! »

Ibn Férat dit de son côté en terminant son récit : « Les Francs ne possédèrent donc plus rien en Syrie.

Espérons, s'il plaît à Dieu, que cela durera jusqu'au jour du Jugement. »

La nouvelle de la prise de Saint-Jean-d'Acre par les troupes du soudan d'Égypte produisit par toute l'Europe une impression de douleur terrifiante.

PARIS

TYPOGRAPHIE PLON-NOURRIT ET Cie

RUE GARANCIÈRE, 8

www.ingramcontent.com/pod-product-compliance
Ingram Content Group UK Ltd.
Pitfield, Milton Keynes, MK11 3LW, UK
UKHW020340250726
13967UKWH00005B/2033